MON JOLI CARNET DE

Mots de passe

Pour ne plus rien oublier !

SOMMAIRE

CATÉGORIES DES MOTS DE PASSE :   PAGE :

Mots de passe de mes boites emails.................................... 1-3

Mots de passe des réseaux sociaux...................................... 5-6

Mots de passe administratifs... 8-11

Mots de passe des courses/drive... 13-14

Mots de passe Sites de ventes privées................................. 16-17

Mots de passe Sites de shopping... 19-27

Mots de passe divers... 29-39

MOTS DE PASSE Boite(s) Mail(s)

NOM DU SITE :

IDENTIFIANT :

MOT DE PASSE :

ADRESSE EMAIL UTILISÉE :

NOM DU SITE :

IDENTIFIANT :

MOT DE PASSE :

ADRESSE EMAIL UTILISÉE :

NOM DU SITE :

IDENTIFIANT :

MOT DE PASSE :

ADRESSE EMAIL UTILISÉE :

NOTES :

MOTS DE PASSE Boite(s) Mail(s)

NOM DU SITE :

IDENTIFIANT :

MOT DE PASSE :

ADRESSE EMAIL UTILISÉE :

NOM DU SITE :

IDENTIFIANT :

MOT DE PASSE :

ADRESSE EMAIL UTILISÉE :

NOM DU SITE :

IDENTIFIANT :

MOT DE PASSE :

ADRESSE EMAIL UTILISÉE :

NOTES :

MOTS DE PASSE Boite(s) Mail(s)

NOM DU SITE :

IDENTIFIANT :

MOT DE PASSE :

ADRESSE EMAIL UTILISÉE:

NOM DU SITE :

IDENTIFIANT :

MOT DE PASSE :

ADRESSE EMAIL UTILISÉE:

NOM DU SITE :

IDENTIFIANT :

MOT DE PASSE :

ADRESSE EMAIL UTILISÉE:

NOTES :

NOTES

MOTS DE PASSE Réseaux Sociaux

NOM DU SITE :

IDENTIFIANT :

MOT DE PASSE :

ADRESSE EMAIL UTILISÉE:

NOM DU SITE :

IDENTIFIANT :

MOT DE PASSE :

ADRESSE EMAIL UTILISÉE:

NOM DU SITE :

IDENTIFIANT :

MOT DE PASSE :

ADRESSE EMAIL UTILISÉE:

NOTES :

MOTS DE PASSE *Réseaux Sociaux*

NOM DU SITE :

IDENTIFIANT :

MOT DE PASSE :

ADRESSE EMAIL UTILISÉE :

NOM DU SITE :

IDENTIFIANT :

MOT DE PASSE :

ADRESSE EMAIL UTILISÉE :

NOM DU SITE :

IDENTIFIANT :

MOT DE PASSE :

ADRESSE EMAIL UTILISÉE :

NOTES :

NOTES

MOTS DE PASSE Administratifs

NOM DU SITE :

IDENTIFIANT :

MOT DE PASSE :

ADRESSE EMAIL UTILISÉE:

NOM DU SITE :

IDENTIFIANT :

MOT DE PASSE :

ADRESSE EMAIL UTILISÉE:

NOM DU SITE :

IDENTIFIANT :

MOT DE PASSE :

ADRESSE EMAIL UTILISÉE:

NOTES :

MOTS DE PASSE Administratifs

NOM DU SITE :

IDENTIFIANT :

MOT DE PASSE :

ADRESSE EMAIL UTILISÉE:

NOM DU SITE :

IDENTIFIANT :

MOT DE PASSE :

ADRESSE EMAIL UTILISÉE:

NOM DU SITE :

IDENTIFIANT :

MOT DE PASSE :

ADRESSE EMAIL UTILISÉE:

NOTES :

MOTS DE PASSE Administratifs

NOM DU SITE :

IDENTIFIANT :

MOT DE PASSE :

ADRESSE EMAIL UTILISÉE:

NOM DU SITE :

IDENTIFIANT :

MOT DE PASSE :

ADRESSE EMAIL UTILISÉE:

NOM DU SITE :

IDENTIFIANT :

MOT DE PASSE :

ADRESSE EMAIL UTILISÉE:

NOTES :

MOTS DE PASSE Administratifs

NOM DU SITE :

IDENTIFIANT :

MOT DE PASSE :

ADRESSE EMAIL UTILISÉE:

NOM DU SITE :

IDENTIFIANT :

MOT DE PASSE :

ADRESSE EMAIL UTILISÉE:

NOM DU SITE :

IDENTIFIANT :

MOT DE PASSE :

ADRESSE EMAIL UTILISÉE:

NOTES :

NOTES

MOTS DE PASSE Courses/Drive

NOM DU SITE :

IDENTIFIANT :

MOT DE PASSE :

ADRESSE EMAIL UTILISÉE:

NOM DU SITE :

IDENTIFIANT :

MOT DE PASSE :

ADRESSE EMAIL UTILISÉE:

NOM DU SITE :

IDENTIFIANT :

MOT DE PASSE :

ADRESSE EMAIL UTILISÉE:

NOTES :

MOTS DE PASSE Courses/Drive

NOM DU SITE :

IDENTIFIANT :

MOT DE PASSE :

ADRESSE EMAIL UTILISÉE:

NOM DU SITE :

IDENTIFIANT :

MOT DE PASSE :

ADRESSE EMAIL UTILISÉE:

NOM DU SITE :

IDENTIFIANT :

MOT DE PASSE :

ADRESSE EMAIL UTILISÉE:

NOTES :

NOTES

MOTS DE PASSE Ventes Privées

NOM DU SITE :

IDENTIFIANT :

MOT DE PASSE :

ADRESSE EMAIL UTILISÉE:

NOM DU SITE :

IDENTIFIANT :

MOT DE PASSE :

ADRESSE EMAIL UTILISÉE:

NOM DU SITE :

IDENTIFIANT :

MOT DE PASSE :

ADRESSE EMAIL UTILISÉE:

NOTES :

MOTS DE PASSE Ventes Privées

NOM DU SITE :

IDENTIFIANT :

MOT DE PASSE :

ADRESSE EMAIL UTILISÉE:

NOM DU SITE :

IDENTIFIANT :

MOT DE PASSE :

ADRESSE EMAIL UTILISÉE:

NOM DU SITE :

IDENTIFIANT :

MOT DE PASSE :

ADRESSE EMAIL UTILISÉE:

NOTES :

NOTES

MOTS DE PASSE Shopping

NOM DU SITE :

IDENTIFIANT :

MOT DE PASSE :

ADRESSE EMAIL UTILISÉE:

NOM DU SITE :

IDENTIFIANT :

MOT DE PASSE :

ADRESSE EMAIL UTILISÉE:

NOM DU SITE :

IDENTIFIANT :

MOT DE PASSE :

ADRESSE EMAIL UTILISÉE:

NOTES :

MOTS DE PASSE Shopping

NOM DU SITE :

IDENTIFIANT :

MOT DE PASSE :

ADRESSE EMAIL UTILISÉE:

NOM DU SITE :

IDENTIFIANT :

MOT DE PASSE :

ADRESSE EMAIL UTILISÉE:

NOM DU SITE :

IDENTIFIANT :

MOT DE PASSE :

ADRESSE EMAIL UTILISÉE:

NOTES :

MOTS DE PASSE Shopping

NOM DU SITE :

IDENTIFIANT :

MOT DE PASSE :

ADRESSE EMAIL UTILISÉE:

NOM DU SITE :

IDENTIFIANT :

MOT DE PASSE :

ADRESSE EMAIL UTILISÉE:

NOM DU SITE :

IDENTIFIANT :

MOT DE PASSE :

ADRESSE EMAIL UTILISÉE:

NOTES :

MOTS DE PASSE Shopping

NOM DU SITE :

IDENTIFIANT :

MOT DE PASSE :

ADRESSE EMAIL UTILISÉE:

NOM DU SITE :

IDENTIFIANT :

MOT DE PASSE :

ADRESSE EMAIL UTILISÉE:

NOM DU SITE :

IDENTIFIANT :

MOT DE PASSE :

ADRESSE EMAIL UTILISÉE:

NOTES :

MOTS DE PASSE Shopping

NOM DU SITE :

IDENTIFIANT :

MOT DE PASSE :

ADRESSE EMAIL UTILISÉE:

NOM DU SITE :

IDENTIFIANT :

MOT DE PASSE :

ADRESSE EMAIL UTILISÉE:

NOM DU SITE :

IDENTIFIANT :

MOT DE PASSE :

ADRESSE EMAIL UTILISÉE:

NOTES :

MOTS DE PASSE Shopping

NOM DU SITE :

IDENTIFIANT :

MOT DE PASSE :

ADRESSE EMAIL UTILISÉE:

NOM DU SITE :

IDENTIFIANT :

MOT DE PASSE :

ADRESSE EMAIL UTILISÉE:

NOM DU SITE :

IDENTIFIANT :

MOT DE PASSE :

ADRESSE EMAIL UTILISÉE:

NOTES :

MOTS DE PASSE Shopping

NOM DU SITE :

IDENTIFIANT :

MOT DE PASSE :

ADRESSE EMAIL UTILISÉE :

NOM DU SITE :

IDENTIFIANT :

MOT DE PASSE :

ADRESSE EMAIL UTILISÉE :

NOM DU SITE :

IDENTIFIANT :

MOT DE PASSE :

ADRESSE EMAIL UTILISÉE :

NOTES :

MOTS DE PASSE Shopping

NOM DU SITE :

IDENTIFIANT :

MOT DE PASSE :

ADRESSE EMAIL UTILISÉE:

NOM DU SITE :

IDENTIFIANT :

MOT DE PASSE :

ADRESSE EMAIL UTILISÉE:

NOM DU SITE :

IDENTIFIANT :

MOT DE PASSE :

ADRESSE EMAIL UTILISÉE:

NOTES :

NOTES

MOTS DE PASSE Divers

NOM DU SITE :

IDENTIFIANT :

MOT DE PASSE :

ADRESSE EMAIL UTILISÉE:

NOM DU SITE :

IDENTIFIANT :

MOT DE PASSE :

ADRESSE EMAIL UTILISÉE:

NOM DU SITE :

IDENTIFIANT :

MOT DE PASSE :

ADRESSE EMAIL UTILISÉE:

NOTES :

MOTS DE PASSE Divers

NOM DU SITE :

IDENTIFIANT :

MOT DE PASSE :

ADRESSE EMAIL UTILISÉE :

NOM DU SITE :

IDENTIFIANT :

MOT DE PASSE :

ADRESSE EMAIL UTILISÉE :

NOM DU SITE :

IDENTIFIANT :

MOT DE PASSE :

ADRESSE EMAIL UTILISÉE :

NOTES :

MOTS DE PASSE Divers

NOM DU SITE :

IDENTIFIANT :

MOT DE PASSE :

ADRESSE EMAIL UTILISÉE:

NOM DU SITE :

IDENTIFIANT :

MOT DE PASSE :

ADRESSE EMAIL UTILISÉE:

NOM DU SITE :

IDENTIFIANT :

MOT DE PASSE :

ADRESSE EMAIL UTILISÉE:

NOTES :

MOTS DE PASSE Divers

NOM DU SITE :

IDENTIFIANT :

MOT DE PASSE :

ADRESSE EMAIL UTILISÉE :

NOM DU SITE :

IDENTIFIANT :

MOT DE PASSE :

ADRESSE EMAIL UTILISÉE :

NOM DU SITE :

IDENTIFIANT :

MOT DE PASSE :

ADRESSE EMAIL UTILISÉE :

NOTES :

MOTS DE PASSE Divers

NOM DU SITE :

IDENTIFIANT :

MOT DE PASSE :

ADRESSE EMAIL UTILISÉE:

NOM DU SITE :

IDENTIFIANT :

MOT DE PASSE :

ADRESSE EMAIL UTILISÉE:

NOM DU SITE :

IDENTIFIANT :

MOT DE PASSE :

ADRESSE EMAIL UTILISÉE:

NOTES :

MOTS DE PASSE Divers

NOM DU SITE :

IDENTIFIANT :

MOT DE PASSE :

ADRESSE EMAIL UTILISÉE :

NOM DU SITE :

IDENTIFIANT :

MOT DE PASSE :

ADRESSE EMAIL UTILISÉE :

NOM DU SITE :

IDENTIFIANT :

MOT DE PASSE :

ADRESSE EMAIL UTILISÉE :

NOTES :

MOTS DE PASSE Divers

NOM DU SITE :

IDENTIFIANT :

MOT DE PASSE :

ADRESSE EMAIL UTILISÉE:

NOM DU SITE :

IDENTIFIANT :

MOT DE PASSE :

ADRESSE EMAIL UTILISÉE:

NOM DU SITE :

IDENTIFIANT :

MOT DE PASSE :

ADRESSE EMAIL UTILISÉE:

NOTES :

MOTS DE PASSE Divers

NOM DU SITE :

IDENTIFIANT :

MOT DE PASSE :

ADRESSE EMAIL UTILISÉE:

NOM DU SITE :

IDENTIFIANT :

MOT DE PASSE :

ADRESSE EMAIL UTILISÉE:

NOM DU SITE :

IDENTIFIANT :

MOT DE PASSE :

ADRESSE EMAIL UTILISÉE:

NOTES :

MOTS DE PASSE Divers

NOM DU SITE :

IDENTIFIANT :

MOT DE PASSE :

ADRESSE EMAIL UTILISÉE:

NOM DU SITE :

IDENTIFIANT :

MOT DE PASSE :

ADRESSE EMAIL UTILISÉE:

NOM DU SITE :

IDENTIFIANT :

MOT DE PASSE :

ADRESSE EMAIL UTILISÉE:

NOTES :

NOTES

www.ingramcontent.com/pod-product-compliance
Lightning Source LLC
Chambersburg PA
CBHW072238230526
45466CB00025B/2115